EDICT DV ROY,

POVR LA REVENTE

DE SON DOMAINE ALIENÉ, & delaissement à perpetuité à tiltre de fief, ou cens, auec deniers d'entree, du fonds & proprieté des bois en gruerie, grairie, segrairie, tiers & danger des forests, gardes & buissons de son Duché d'Orleans & de ses autres Prouinces, où il y a des bois de la nature susdite.

Verifié en Parlement le Roy seant en son lict de Iustice, le 12. Mars 1619.

A PARIS,

Par FED. MOREL, & P. METTAYER, Imprimeurs ordinaires du Roy.

M. DCXIX.

Auec Priuilege de sa Majesté.

LOVIS par la grace de Dieu Roy de France & de Nauarre, A tous presens & à venir, Salut. Ce qui s'est passé depuis noſtre auenement à la Couronne aux mouuemens qui ſont ſuruenus, nous a fait cognoiſtre que la preuoyance aux accidens & neceſſitez qui arriuent en cet Eſtat, eſt ſi vtile & profitable dans nos affaires, que non ſeulement les deſpenſes cauſees par tels accidens ſont bien moindres, que ſi elles n'eſtoient preueuës, & les armees que nous mettons ſur pied beaucoup mieux policees : mais auſſi que noſtre auctorité ſe maintiét auec

3

ne plus grande dignité, crainte & o-
beïssance de nos subiets. Et au lieu
qu'ancienement les ventes ou aliena-
tions du domaine de ceste couronne
ne se faisoient que durant les guerres,
& pour payer les debtes qui lors se
creoient faute de deniers comptans,
lesquelles en se multipliant ont mon-
té iusques à des sommes si immenses,
qu'outre que lesdites ventes & aliena-
tions se faisoient à vil pris à cause du
temps, le fonds qui en prouenoit ne
sufisoit pour acquiter vn tiers desdites
debtes, tellement qu'apres les guerres
finies nos predecesseurs se sont trou-
uez si endebtez, que le mesnage de
leurs affaires pendant longues annees
auec infinis moyens extraordinaires
ont suffi pour les descharger. C'est
pourquoy nous auons iugé à propos
necessaire pour le bien de nos affaires, & du public, de rechercher en téps

A ij

conuenable des moyens extraordinaires, pour sur les rencontres des affaires presentes qui semblent se pré-
parer à quelque mouuement, faire a-
mas d'vne notable somme de deniers,
afin de suporter les despenses de l'en-
tretenement des gens de guerre qu'il
nous conuient mettre sur pied, mais
entre les propositions qui nous ont
esté faictes, nous auons desiré d'auoir
recours plustost à la reuente de nostre
Domaine aliené, & au delaissement à
perpetuité à tiltre de fief, ou cens, auec
deniers d'entree, du fonds & proprieté des bois en gruerie, grairie, segrairie
tiers & danger des forests, gardes &
buissons de nostre Duché d'Orleás, &
des autres prouinces de nostre Royaume, où il y a des bois de ladite nature,
qu'à toutes autres ouuertures qui eus-
sent peu causer du dommage ou in-
commodité à nos subiets, d'autát plus

iefmes que ledit domaine aliené ne
ous aporte aucune vtilité, & que cel-
que nous receuons defdits bois eft
fi petite, (comme n'en ayant pas tiré
depuis vingt annees de tout ledit Duché d'Orleans à raifon de deux mil
cinq cens liures par chacune, & rien
quafi d'ailleurs,) que cela ne doit en-
trer en confideration, à l'egard du
grand fecours que nous en receurons
en vne occafion fi vrgente, auffi eft-il
vray que ces droicts que nous auons
fur les bois qui apartiennent aux particuliers ne feruent qu'à les trauailler,
& donner moyen aux officiers de nos
forefts de tirer des profits & efmolumens illicites à noftre dommage, &
des tresfonciers: & arriue fouuent qu'à
caufe des grands fraiz il ne fe faict au-
cunes couppes defdits bois, & faute
de les auoir faictes en faifon, ils font
en plufieurs lieux fur leur retour, & de-

A iij

periſſent ſur le pied. Sçauoir faiſons,
qu'apres auoir mis cet affaire en deli-
beration en noſtre Conſeil, où eſtoiét
aucuns Princes de noſtre ſang , & autres Princes, Seigneurs, officiers de noſtre couronne, & autres grands & no-
tables perſonnages, Nous de l'aduis
de noſtredit Conſeil, & de noſtre propre mouuement, pleine puiſſance &
auctorité Royale, Auõs par le preſent
Edict perpetuel & irreuocable , Dit,
ſtatué & ordonné, diſons, ſtatuons &
ordonnons, voulons & nous plaiſt.
Que toutes les terres, ſeigneuriers , &
autres membres & portions de noſtre
domaine cy deuant vendues & alienees à faculté de rachapt perpetuel, feront par nous retirees & racheptees
des poſſeſſeurs d'iceux, moyennant le
rembourſement qui leur ſera fait a-
uant que d'eſtre depoſſedez , des deniers actuellement financez en noz

rres pour leurs acquifitions, enfem-
de leurs fraiz & loyaux coufts, ou
cas d'empefchement procédant de
leur faict, de confignation des deniers
de leurfdits rembourfemens felon les
Ordonnances, & lefdites terres & por-
tiős reünies & incorporees à noftredit
domaine, pour eftre de nouueau vendues & alienees à faculté de rachapt
perpetuel au plus offrăt & dernier en-
cherifleur, fur fimples encheres, tier-
cemens & doublemens, par les Commiffaires qui feront à ce par nous deputez: à la charge de iouïr par les nouueaux acquereurs defdits membres &
portions de noftre domaine, des mef-
mes droicts, pouuoirs & facultez, profits, reuenus & efmolumens, qu'en
iouiffent lefdits poffeffeurs, fans eftre
tenus à autres charges qu'à celles qu'ils
payent à prefent. Comme auffi nous
voulons par ceftuy noftre prefent

Edict, que tous les bois aſſis tant és foreſts, gardes & buiſſons de noſtre Duché d'Orleans, qu'autres prouinces & lieux de noſtre Royaume, pays, terres & ſeigneuries de noſtre obeïſſance, qui ſont en gruerie, grairie, ſegrairie, tiers & danger, ſoient deſchargés à iamais de tous noſdits droicts, ſoit que le fonds ou treſfonds deſdits bois appartienne à des Eccleſiaſtiques, communautez, ou à des particuliers, en nous quittant par les proprietaires dudit fonds ou treſfonds, la moitié deſdits bois, tant en fonds que ſuperficie, ſi tant ſe monte noſtre droict accouſtumé aux couppes de ladite ſuperficie, ſelon lequel nous entendons, que la proprieté, que par le preſent Edict nous voulons auoir auſdits bois en gruerie, grairie, ſegrairie, tiers & danger, ſoit reiglee & les meſurages, arpétages faits, & bornes miſes à ladite raiſon,

son, & ce en presence, ou par l'ordon-
nance des Commissaires que nous
deputerós pour l'executió desdits par-
tages, à la charge que la part qui nous
sera escheuë demeurera entierement
franche, quitte & deschargee de toutes les charges qui pourroient estre
deuës aux seigneurs dont elles sont
tenues, mesmes des foy & hommages,
d'autant que la part des tresfonciers
sera tenue nuemét d'eux, sans la charge de ladite gruerie, qui est vne recó-
pense plus que suffisante de la distra-
ctió qui sera ainsi faicte de leurs fiefs,
& à la charge aussi qu'à l'aduenir les-
dits tresfonciers ne pourront preten-
dre aucun droict en nostredite part &
portion, laquelle part & portion nous
voulons estre baillee à tiltre de fief
mouuant de nous, ou à cens, au choix
des acquereurs:& outre à deniers d'entree, au plus offrant & dernier enche-

riſſeur en la maniere accouſtumee, par
les Commiſſaires qui feront à ce par
nous deputez, ainſi qu'il fut faict en
vertu de l'Edict du mois de Mats 1571.
& declarations interuenues ſur iceluy.
De tous leſquels bois ainſi fieffez ou
baillez à cens,& deniers d'entree,com-
me auſſi de la part qui demeure auſdits treſfonciers par le partage ſuſdit,
leſdits treſfonciers & nouueaux acquereurs iouïront plainement & pai-
ſiblement,comme de leur propre he-
ritage,& en vſeront,& les admenage-
ront par leurs mains, ou par vête à des
marchands, tout ainſi que nos autres
ſubiets iouïſſent & diſpoſent des bois
taillis, haut recreu, ou haute fuſtaye
qui ne ſont ſubiets auſdits droicts, &
qui leur appartiennent en propre,ſans
que pour raiſon des delicts qui pourroient arriuer auſdits bois, ou en la
couppe d'iceux,ſoit par les marchands

ou autres ayans coupé des pieds cor-
miers, ou mancqué à laiſſer des balli-
ueaux dans les couppes, ou autrement
ſatisfait aux ordonnances de noz foreſts, ſur les couppes & vſages deſdits
bois, les grands Maiſtres Enqueſteurs
de noz foreſts, Maiſtres Particuliers,
Verdiers & Gardes, Officiers de noſtre
table de marbre, Lieutenás Generaux
& Particuliers, Subſtituts de noſtre
Procureur General, & generalement
tous autres Officiers de noſdites foreſts en puiſſent prendre cognoiſſance, laquelle nous leur auons interdite
& defendue, interdiſons & defendõs,
comme n'eſtant plus dependante de
noſdites foreſts, ains de la iuriſdiction
& cognoiſſance des Iuges ordinaires
des lieux où leſdites choſes ſont aſſi-
ſes, comme ſont les autres biens, terres
& heritages de noſdits ſubiets aſſis
hors du deſtroit & territoire de noſdi-

tes forests gruerie, grairie, fegrairie, tiers & danger, pour ne laiffer rien en doute & ofter aufdits officiers des forefts toute efperance d'en cognoiftre, & où il fe trouueroit aufdits bois qui feront ainfi par nous fieffez ou accenfez, des climats ou endroits efquels on n'euft iamais recogneu autres Iuges que nos officiers des Forefts, & qui ne fuffent aflis en la Iuftice d'aucun Seigneur particulier, ou que la dependance en fut incertaine & incogneuë, Nous auons en ce cas attribué la cognoiffance des delicts & contentions qui y auiendront, au plus prochain de noz Iuges Royaux. Les ventes & adiudicatiõs defquels domaines & bois, fe feront comme dit eft, & par les formes ordinaires & accouftumees, & à la charge de payer par les adiudicataires, deux fols pour liure du prix principal de leur adiudication, & de les de-

liurer auec les deniers dudit prix principal, dans le temps qui leur fera ordonné par lefdits Commiffaires, és
mains du Treforier de noftre Efpargne en exercice, ou du porteur de fes
quittances, & feront mis en poffeffion
& iouiffance en vertu des contracts
qui leur feront faits & paffez par lefdits Commiffaires, & deliurez en rap-
portant lefdites quittances, fans que
les acquereurs defdits bois en gruerie,
grairie, fegrairie, tiers & danger en
puiffent eftre iamais depoffedez pour
quelque caufe & occafion que ce foit,
& ceux defdites portions de noftre
domaine cy deuant alienees à faculté
de rachapt, qu'en les rembourçant
comptant & à vn feul & actuel paye-
ment tant des fommes contenues en
la quittance dudit Treforier de noftre
Efpargne, & contract defdits Commiffaires que de leurs frais & loyaux

couſts, & non par reduction de deniers à rente ny autrement , leſquels
contracts nous auons dés maintenant
comme pour lors, validez & auctori-
ſez, validons & auctoriſons comme
s'ils eſtoient par nous faits & paſſez en
noſtre Conſeil. Voulons & ordonnons le preſent Edict & tout le contenu en iceluy, eſtre executé nonobſtãt
oppoſitions & appellations quelcon-
ques, pour leſquelles & ſans preiudice
d'icelles ne ſera differé. Promettans en
bonne foy & parole de Roy, auoir
pour agreable, tenir ferme & ſtable,
tout ce qui ſera faict, geré & negocié
par leſdits Commiſſaires, en execution
de noſtre preſent Edict. N'entendons
toutefois comprendre en iceluy, les
bois des qualitez ſuſdites, és couppes
deſquels nous ny noz predeceſſeurs
n'auons iuſqu'à preſent pris aucune
part & portion. Si donnons en man-

dement à noz amez & feaux Conseil-
lers, les gens tenans noz Cours de Par-
lemens, & Chambres de noz Cõptes,
que nostre present Edict ils facent li-
re, publier & registrer, & le contenu
en iceluy entierement garder & ob-
seruer de point en point selon sa for-
me & teneur, & faire iouïr les acquereurs de nosdits domaine & bois, plainement & paisiblement de leur acqui-
sition, sans permettre ny souffrir qu'il
leur soit faict, mis ou donné aucun
trouble ny empeschement , nonob-
stant comme dessus , & tous Edicts,
Ordonnances, Arrests, Reglemens,
mandemens, defenses & lettres à ce
contraires, ausquelles & à la desroga-
toire des desrogatoires y contenues,
Nous auons desrogé & desrogeons
par cesdites presentes. Car tel est nostre plaisir. Et afin que ce soit chose
ferme & stable à tousiours , Nous

auons à icelles faict mettre & appofer noftre feel, fauf en autre chofe noftre droict, & l'autruy en toute. Donné à Paris au mois de Mars, l'an de grace mil fix cens dix-neuf, & de noftre regne le neufiefme. Signé, LOVIS. Et plus bas, Par le Roy. De Lomenie.

Et feellé en lacs de foye de cire verte, & plus bas eft efcrit :

Leu, publié & regiftré, ouy le Procureur general en Parlement le Roy y feant, le douziefme Mars, mil fix cens dix-neuf. Signé, DV TILLET.

Leu, publié & regiftré en la Chambre des Comptes, Ouy le Procureur general du Roy, par le commãdement de fa Majefté, porté par Monfieur le Comte de Soiffons, ennoyé expres à ladite Chambre, affifté des Sieurs Marefchal de Briffac, de Chafteau-Neuf, Pontcarré, & Boiffize, Confeillers dudit Seigneur en fon Confeil d'Eftat, le trentiefme iour d'Auril, mil fix cens dix-neuf. Signé, BOVRLON.

Collationné à l'original, par moy Confeiller & Secretaire du Roy.